辰亦儒

王子的流浪

U0631790

万卷出版

CHAPTER
01

温哥华
出发

Vancouver vs. San Francisco

毫无预警的悲凄场面。

1998年9月7日，改变我一生的日子，我永远不会忘记这一天！
这一天对我来说就像个特别的纪念日。十七岁的我拖着行李在机场，来送行的妈妈、奶奶和姑姑，大家在出关口哭成一团。本来觉得没什么，但她们一哭，我也被传染，飙出了眼泪。

只能说自己高中三年实在太爱玩。建中读书风气很自由，要不要念书完全看自己。我就是属于完全不念的那种，大学联考成绩有多惨，就不难想象了吧！爸爸是很传统的大男人，看到这种成绩当然气得要命。他说，你这么贪玩，与其再念一年等重考，还不如干脆出国念书。一度考虑过要去旧金山，因为那里华人多，叔叔移居到那二十多年，就近照顾比较容易。不过，我小学玩在一起的死党同学、也是我家的邻居Shawn，他们先移民去了温哥华，在他家附近也有一座私立大学可以就读。讨论之后，我的未来就确定了下来——直接前往温哥华。

这是我第一次自己搭飞机出国。面对茫茫未知的未来，心里真的很忐忑。新的旅程已经展开，我一个人步上了起点，会有什么在等我？等我再回来，又会变成怎样的一个人呢……

只是踏出机场海关看见Shawn热情地接机，马上忘了十几个小时前与家人分离的悲伤场景，开始为新的未来感到兴奋，刚刚在脑里的胡思乱想与不安才慢慢停了下来。

住在乡下练英文才是王道

"你不是说你家在温哥华吗？"我发现车子开了一个小时，窗外的景物却越来越荒凉，没有一点即将要"进城"的迹象。
"是啊。只是不在市中心。"Shawn答道。
这个名叫兰里（Langley）的小镇，虽然也在温哥华市的范围内，却是不折不扣的郊区。空气新鲜、人烟稀少，镇里有很多牧场，随时随地都能看到牛、马，还有羊……

在温哥华的前半年，我住在Shawn家，每天天还没亮就要起床，走十分钟的路，穿过一片森林去等公交车。这里的公交车超少的，每个小时只来一班，错过了这班就等于要旷一整节课——换句话说，我每天都必须要准时起床、准备，然后去搭车，不然就只能等着乖乖被当。听起来不难啦，但是一到冬天，还会下雪！那冷风就像"灌"一般地刮进树林里，再

"灌"进衣服里。在下雪天走路，就好像有很冰的刀在骨头里钻、挖，超痛苦的！对习惯了台湾这种亚热带气候的我来说，真的是很"刻骨铭心"的体验。

在Shawn家住了半年后，我开始住进了学校宿舍，上学比较方便，也想让自己更独立一点。这所大学因为是基督教学校，校风非常严谨，管理也很严。校园里严禁吸烟，上课之前老师还会先带着学生做祷告，还设有祈祷室，下课可以去祈祷。住在这么乡下的地方，短短时间内我的英文程度就大有长进，除了因为心无旁骛可以专心念书以外，这里的华人很少，等于开口闭口都要用英文，让我很快就进入状态。

中国留学生到温哥华，大都住在距离市中心大约半小时车程的里士满（Richmond），那里可是华人的天下，要碰上一个金发碧眼的洋人、听见一句英文反而很难。街上到处都在卖珍珠奶茶、排骨饭和鸡腿饭，我和朋友常在周末开车去那里玩，唱KTV、喝泡沫红茶、租综艺节目录像带如"我猜．我猜．我猜猜猜"、"综艺大哥大"回家看，抚慰一下想家的心情。

突然开始用功了！

在这所私立大学念了一年的语言学校之后，我决定申请转学，到公立大学就读。但因为我高中成绩不够好，没有申请成功，先转读了一年college（专科学校），通过IELTS（雅思）考试，再插班进入西蒙弗雷泽大学（Simon Fraser University，简称SFU）的经济系二年级就读。爸爸从小就灌输我"当医生很好"的观念，高中读的也是第三类组，但到了温哥华，一方面是想快点完成学业，另一方面也觉得对未来比较实用，所以转攻商科。

念college的那一年我超用功，每一科成绩都拿A、拿全班第一名，还当选荣誉学生。之后顺利转进SFU之后，我只花了两年时间就毕业了。学校的规定是修满120个学分可以毕业，要用几年念完，则看学生自己决定，也有同学念了六年还不想毕业；而我每个学期都修满十六七个学分，所以前后三年就拿到了大学学位。

从前那么爱玩的我，怎会突然间"改邪归正"，变成一个发愤用功的小孩？我想，该"归功"于我在高中的三年里，已经把该玩的都玩过了。一个人来到国外，对一般年轻人疯狂的事情没有太大的兴趣；另一方面，又想到父母亲那么辛苦，花那么多钱供我念书，当然不能辜负他们啊！

大学毕业后，我申请到维多利亚大学（University of Victoria，简称UVIC）的经济研究所，开始下一段求学的日子。说到这里我就不免要骄傲一下——这间研究所每年只录取三十名学生，而且需要三封教授的推荐函，录取率只有万分之几，我能够顺利入学就读，真的是很难得的荣誉！

神速念硕士

维多利亚大学位于温哥华本岛附近的维多利亚市。这个当地人称之维多利亚的岛，是加拿大第二大岛，实际面积比台湾岛小一些，加拿大地大物博，在加拿大人眼里，真的只是一座"小"岛！

维多利亚市是英属哥伦比亚省的省会，所以城市里有很多政府机关和市议会。维多利亚岛上气候宜人、风光明媚，是许多加拿大人退休后最想居住的地方。不过，每到周末，想回温哥华市中心逛逛街、见见朋友，就必须先坐一个多小时的船回本岛，再开半小时左右的车才到得了。这里说的船，可不是淡水到八里或高雄到旗津那种渡轮，它是能容纳两千部汽车的超级大邮轮，可以把车从岸上直接开进船里，船上还有餐厅可以吃buffet（自助餐）！有时还会看到海豚和鲸鱼就在邮轮边和我们赛跑！

在这种几乎跟外界完全断绝联系的环境下念书，效率当然很惊人！一般同学修课加上写论文，最快两年念完毕业，我只用8个月把课修完，就搬回温哥华准备写论文了。可能是我也想要快点把书念完，离开这个充满养老味的小岛吧！

独立，让生活更有趣

从十八岁到二十四岁，我一共在外住了六年时间。寄住过同学家、和同学合租过公寓，也曾经自己一个人住。父母不在身边，等于生活里的大小事全要靠自己。注册、弄保险、跑银行、搬家、买菜和家用品……短短时间里，我就从一个只会讲几句破英文的小留学生，成长为一个懂得打理所有事情，独自生活也不成问题的"小大人"。

如果问我，在这几年的异国生活经验中最大的收获是什么，我想我会毫不犹豫地回答——是独立。在不知不觉中，我被环境训练得凡事都要自己搞定，不再依赖别人。虽然每个月妈妈会固定汇给我生活费，但她超精打细算的，每一分钱都算得刚刚好。办理信用卡给我，也只是为了应付紧急状况，并不是让我乱花的。

拿做饭为例好了。出国念书前在家过惯了茶来伸手、饭来张口的日子，一道菜也不会煮，但出国以后，我从下面条、煮白饭开始学起，到后来会炒青菜、煎牛排……只要有烤箱、微波炉和电饭锅（俗称"留学生三宝"），就可以变出简单又丰盛的三餐，甚至有点难度的青椒炒牛肉等菜色，也难不倒我。不敢说可以媲美餐厅水平啦，但端出来请朋友吃，从没丢脸过！我喜欢喝袋装的浓缩浓汤，为了让它更好喝，我还研发了独家秘方——把奶酪和牛奶加进去，味道又浓又香，喝过的人都说赞！

直到现在，我虽跟家人住在一起，但还是保持自己洗衣服、晒衣服、折衣服的习惯。有几次妈妈帮我洗好、放在我房间，我反而觉得很不习惯，要她别再洗了。也许，就是在加拿大的时候，已经养成了自立自强的心态和习惯吧！

韩国男人很"幸福"？

在温哥华念书的另一大收获，就是认识了很多来自不同国家的朋友。加拿大是个标榜"种族大熔炉"的国家，温哥华除了白人、黑人，还有很多从中国过去的华人，加上同样来自亚洲的韩国、日本、印度和越南人等。我的朋友大多来自世界各地，土生土长的加拿大人反而没几个。

因为时常聚在一起，我有很多机会接触到各种不同的文化。每到感恩节、圣诞节，我们会约好每个人准备一道菜，到某个朋友家potluck（就是每人带一道菜到某人家开party，一起玩、喝酒聊天）。当然也就会聊到不同国家的特色菜、饮食习惯、风土民情，这些都是很好聊的话题。

我的韩国朋友蛮多的，也曾交过一个韩国女朋友。和他们在一起，常会发现"男尊女卑"的观念，是根深蒂固"黏"在他们文化里的。像有一位韩国朋友，约我到家里和他还有他的新婚妻子一起吃饭。我们两个男生在客厅吃饭、喝啤酒，他太太却一直在厨房里做菜、端菜、又做菜、又端菜，忙得不可开交。我很不好意思，偷偷跟那朋友说："菜很够了，请大嫂一起来吃吧！"他竟然说："不用啦，韩国太太都要等先生和他的朋友吃饱了，才会坐下来吃。"

我当时的韩国女友也是这样。周末来我家玩，都先把我的衣服拿去洗，煮饭也不要我帮忙，

自己一直煮、一直煮，要我在客厅看电视就好。看在中国男生眼里会多少有点不自在吧，一定会想说要帮忙摆个碗筷、端菜等，但韩国女生似乎早就习惯这种方式，如果男生太"鸡婆"，反而会让她们会觉得很怪呢！

日本人有"礼"行遍天下

日本人有礼貌是全世界出名的，从他们身上我也学到很多应对进退的礼数。但我会忍不住好奇：他们的礼貌是发自真心的吗？还是因为老一辈的人这样做，年轻人也就跟着有样学样啊？

我的日本同学回答我："没有啦，因为从小就被教育要这样做才可以。但如果是在私底下，特别是大家都是年轻人的话。大家也就不会这么多礼啦！"哦～原来如此。

这些接触异国文化的点点滴滴，使我日后不管到哪个国家表演，都可以很快进入状态。因为知道他们的礼节、习惯、民族性和生活上的"特色"，所以不会做出一些贻笑大方的举动、开一些不合时宜的玩笑。这应该是当时还在加拿大的我始料未及的吧！

休闲活动，天然的尚好

在台北这个城市中，最常做的休闲活动可能是逛街、吃饭、看电影，但是在温哥华，我最常做的休闲活动是—捕鱼、开游艇和钓螃蟹。

加拿大政府对生态保护很重视，相关规定也订得很严，像钓螃蟹、捕鱼，都要先办执照，再按照规定在某个季节或某段时间内才能捕、钓。如果是钓螃蟹，还规定只能钓公的，不能钓母的。至于如何分辨公、母呢？告诉大家，公蟹的腹部形状是尖的，母的则是圆的。而每个人每次只能钓两笼。如果钓到的螃蟹体长小于十五六厘米，也得"还"回去海里。我有个朋友就因为钓到的螃蟹太小，被海巡队抓到，被罚了一千加币（约人民币七八千元），他们执法的严格程度可见一斑。但也就因为有这么严谨的法规，加拿大人永远都有鱼蟹可钓。

我经常和朋友开车到加拿大和美国西雅图交界的白石镇（White Rock Town）钓螃蟹。它是个临海的度假胜地，很多退休老人（也包括华人）都住在那里，享受怡人的气候和风景。钓螃蟹很简单，用一条线连着一张网，网子正中央放一块螃蟹最爱吃的鸡腿肉或三文鱼（鲑鱼）头，就垂进海水里稍等一下。网子拉上来的时候，会自动合成锥形或方形，里头就会有一只个头超大的螃蟹！我几乎百发百中，很少空手而归！

在晚上一面钓螃蟹，一面看海景、玩扑克牌、聊天，真的是惬意的享受。钓到的螃蟹，我会带回家放点葱、姜和蒜，用电饭锅蒸熟后再大口狂吃。说真的，那鲜甜的滋味，比洋人的煮法高明太多了，说到吃还是华人的方法比较强！捕鱼则是在秋天，鱼身最肥美的季节，一群朋友租艘小游艇去游湖，顺便捕鱼。

除了钓螃蟹和捕鱼，夏天我会和朋友开车去国家公园烤肉，或去湖边玩水、泛舟，都是和大自然很接近，简单又自然的体验，让我回味无穷。

遇到银行抢案

在加拿大那几年，我还遇过一般人一辈子难得遇上一次的危险时刻。像是……碰到抢银行！

一个很平常的下午，我去银行办事，就在三点半银行关门前几分钟，站在我身边的男人突然拿出面罩把脸蒙起来、掏出枪、跳上柜台，枪口指着柜员大喊："Give me the fxxking money！"（把他X的钱全给我拿出来！）

不会是在拍电影吧？我的脑子突然一片空白。

"Everybody fxxking don't move！"（所有人他X的不准动！）蒙面男对着所有人大吼，手上大把大把钞票往包包里塞，没多久一部车飙到银行门口，迅速把人接走。整个过程可能不到五分钟吧，超快的！抢匪一走，每个人都好像呆掉一样，傻在那边，还有人因为惊吓过度，当场就大哭出来。

这也太不真实了吧！简直就和影片里看到的一模一样，只是这次自己身临其境，还刚好站在抢匪的身边！后来警察来了，采集在场每个人的证词，我暗中庆幸他们没有在事发当时就赶到，不然离抢匪最近的我，应该会被当场挟持变成人质吧！

就在这件抢案发生事隔一个月，我又去同一家银行办事。居然看到银行铁门拉下来，上头贴一张纸写："本行因发生抢案，本日暂时停止营业。"吼～刚刚被抢！怎么这么巧啊！碰到一次抢案就够夸张了，我还碰上两次！

撞完车大吃烤肉

还有一次更夸张——在山里撞车！那次是跟朋友约好，我负责开其中一辆车，车上载着朋友，一共四部车浩浩荡荡上山，行经一个转弯没注意，车就滑出了山路，"砰"一声撞到一棵像神木一样粗的大树才停下来。事发突然，我傻在驾驶座上，过了一会才想到问同车的朋友有没有受伤。

车整个被撞烂，幸好两人都毫发无伤，只是费了九牛二虎之力才从天窗爬出来。等警察、保险公司都来到现场，把大小琐事都处理完之后，朋友还说："来都来了，不如照原定计划把肉烤一烤吧！"哈～玩性也太坚强了吧！拗不过他们，我们照样上山玩了一天，但烤好的肉吃在嘴里，还真是一点滋味也没有啊！

不再怯场

回想出国前的自己，的确是一朵温室里的花朵，什么事都不会、不懂。这几年独立生活的日子让我茁壮成长，经历过危险，警惕性比较强，胆量也比从前大一些，也知道该对自己的所做所为，负全部的责任。除了前面说的碰上抢银行，我也遇过街上故意挑衅的白人，或常听到有人开车被抢。

没有人生下来胆子就很大，或者知道怎么避开危险、克服恐惧。即使是经常在成千上万人面前表演的大明星，也必须经过一步步训练，逐渐累积出自信，才能把最好的一面呈现给观众。念研究所的时候我当过助教，必须要在超过一百名同学的面前授课——天啊！英文毕竟不是我的母语，竟然要在那么多人面前讲课，从一开始发着抖上台，到后来可以侃侃而谈，甚至丢几个笑点提高学生学习兴致，靠的也是一再练习，慢慢培养出的自信。

后来当我站在舞台上，对着数万人又唱又跳也不再怯场或腿软时，我总会想起在加拿大的那些日子。它们唤回我对自己的信心，相信自己终能找到最好的方法，走出最适合我的一条路。

CHAPTER 02

人生最棒的
一次旅程

二十一岁那年的自助旅行

六个人、二十一天、八千多公里，纵贯美国西海岸，美国有五十州而我这次就去了十个州，我此生最棒、玩得最尽兴也最疯狂的旅程，在二十一岁那年完成了！

年轻，就是不知道"怕"字要怎么写！一共六个好朋友，租一部休旅车，并没事先订旅馆，只靠一张标有大致路线的地图，就信心满满地上了路——对！什么都不要想，也不需要做太多计划，反正大伙轮流开车，开到哪玩到哪。有趣的地方多待一天，觉得无聊就少玩一天，累了就找汽车旅馆，如Holiday Inn、Comfort Inn或Travelodge Inn，随便睡一觉再走。既然说好是一次"壮游"，限制就应该越少越好！

很猛的旅行路线

我们计划的路线是这样的：第一天早上从温哥华出发，入境美国后经过西雅图（Seattle）、波特兰（Portland）、萨克拉门托（Sacramento）、旧金山（San Francisco）、洛杉矶（Los Angeles），抵达最南边的圣地亚哥（San Diego）后，回头往东北开，经过大峡谷（Grand Canyon）、黄石公园（Yellowstone National Park）、犹他州的盐湖城（Salt Lake City），再回接俄亥俄州（Ohio）、蒙大拿州（Montana），再到富产德国食物的斯波坎（Spokane），然后回西雅图，最后再返回温哥华。如果你手边正好有美国地图，把上面这些地点标起来连连看，就会知道当时的我们有多热血、怀抱的雄心有多大！

记得我们是第一天早上七点钟从温哥华出发，经过西雅图的时候还在下雪，但当天半夜十二点时，我们已经飙到萨克拉门托，到了加州境内了。因为时间、心情都很随性，同行的又都是最好的朋友，不管遇上什么事，都觉得新奇有趣。像黄石公园，景观百分之百纯天然，犀牛、狼等野生动物就在你面前走来走去，完全没有栅栏阻隔。想更近一点看，随时就可以下车，虽然很危险，却也很兴奋。

还有过车子开进沙漠里，遇上沙尘暴，刮得车身左右剧烈摇晃个不停，前方看去只看得到视线二十米以内的景象，超惊险的。后来又去了大部分的人是为了小赌两把而去的赌城拉斯维加斯（Las Vegas），但我们去那却是为了看大型的豪华秀、魔术表演，吃便宜又丰盛的自助餐（buffet）。我只能说拉斯维加斯的buffet真不是盖的！生蚝、龙虾……摆满整个餐台随你吃到饱，才美金二十块！超划算啦！当然到了著名的赌城，难免不了要小赌一番啰！不过输赢不重要，重点是感受一下当地的气氛。

沙漠没油惊魂记

那趟史上最棒之旅，我们还曾在沙漠里发生了一次"没油惊魂记"，差点回不来。那段路我负责开车，进沙漠前我还特别看了一下油表："剩一半，应该够吧，沙漠又不会很大！"同伴提醒我："要不要先加满油，比较保险。"我还拍胸脯保证："放心啦，没问题啦！"

没想到才开到一半，警告灯已经亮起来，四周是一望无际尘土滚滚的沙漠，完全失去方向感，也不知道还有多远才能杀出去。那时候还没有GPS卫星导航系统，我们的手机没有一支收得到讯号。气温很高，担心开冷气太耗油，只好把冷气关了，窗户全都打开，热得全身汗流不止。车上没有一个人知道我们现在身在何处，也不知道我们会不会就这样困在沙漠里，回不了家。

就这样毫无头绪地开着开着，远远的地平线出现一道光线，看起来隐约是栋建筑物（一度还以为是海市蜃楼咧）——有救了！我赶紧加足马力朝它开去，竟然……是间加油站！太感动了～～虽然很老旧又满布灰尘，还有很多奇怪的昆虫在空中飞来飞去（满天飞着单只超过一厘米的超大蚊子，到底是哪里生出的这么大的蚊子，我还是第一次看到），但幸好加油站在营业，赶紧加了油，我们顺利得救！

想念我的年少

那次几乎把魂吓掉的"沙漠没油惊魂记"，直到现在我每次一想起来，就会很想笑。其实不只有沙漠事件，只要想起那次旅途上的任何一个画面、一个片段，都会觉得很温暖又好玩。我称它是"一生最棒的一次旅行"，是因为知道：再要有这样的机会，很难了。年轻的时候真的是天不怕地不怕，包包一背、车子一开，哪里都可以去。找不到旅馆或者为了省点钱，窝在车上也能睡。现在虽然胆子不见得比以前小，却很难再有那样的冲劲，愿意抛下一切，傻傻开那么远的车，单纯只为了"想要旅行"而去旅行了。

何况，好的旅伴难寻。当年同甘共苦的五位好友，毕业之后各奔东西，有的留在温哥华，有的回国工作。虽然彼此还有联络，距离却隔得很远，也各自忙于自己的工作。要同时排出二十一天的假，谈何容易？

所以，我更珍惜那段旅程中点点滴滴的回忆。我经常想，等我老了、退休了，一定要再回温哥华去住。因为，我年轻时候全部美好的回忆，都已经留在那里，带不走了。

CHAPTER 03

新加坡
初体验

新加坡果真是个充满活力的国际都市!

先前因为工作的关系去过几次新加坡。那里的fans很热情、很守秩序,市容也很整齐,让我留下了深刻的印象。说真的,新加坡樟宜机场可算是飞轮海除了日本以外,进出最"轻松"的机场。不是说他们不热情,而是每个地方民情文化的不同,对应的方式当然会有些许不一样。这里的fans会乖乖地排队欢迎我们,航站的保安人员还会帮忙维持秩序,每次去都轻松无压力。

这次为了拍写真书出外景,决定地点的时候,我就主动建议去新加坡拍摄。在我心目中,它是亚洲一流的国际化都市,先进、发达,很重视绿化,很舒服。拍摄时间虽然只有短短两天,却是我第一次如此近距离深入地了解它。

一开始,新加坡吸引我眼光的,是它的摩天大楼比邻而立。以前在温哥华,我会和朋友在周末深夜,专程开车到市中心的史丹利公园(Stanley Park)看夜景。我喜欢那种被摩天大楼环绕,仿佛自己"和世界一起脉动"的快感。晚上的新加坡市中心,壮观而且繁华,很像我那时所看到的景象,也让我想起那段惬意、没有忧虑的日子。

新旧合一的美好风景
街边理发阿伯

新加坡以律法严明著称，这里的人们也养成严谨、有序的习惯，生活素质很高。来到新加坡，我才慢慢发现到，虽然它的外表很西化，骨子里却很东方。走在路上常会看到中西合璧、新旧交融的景象，超有 feel～！

像这组在街边露天理发店拍的照片，乍看会以为是跑去很远的郊区拍的，但它其实就在现代感十足的市区，"夹"在两栋大楼中间的一条小巷子。一个伯伯摆了张椅子，就在路边剪起头发来，后面还有好几个学生在排队！摄影师叫伯伯不要管我们在干嘛，自然就好，拍起来果然效果很特别，有一种新旧冲突的戏剧感，又很自然随性。

MHP 003751

绝妙"正庄风油"

"正庄风油"这组照片也很妙。它是一家位于传统市场边的小店，很像阿嬷年代的"柑仔店"。我们经过时看到，觉得那些图样、配上那些字，也太cute了吧！可惜本来要拍摄的当天光线不够，就没拍。

隔天下午又去，竟然下雨。工作人员依照新加坡当地人习俗，用洋葱、蒜头和辣椒做了一只晴天娃娃，插在地上祈祷，等拍完其他镜头再回来，雨还真的停了咧！

拍摄地隔壁的老板娘不知道是不是为了要欢迎我们，开始拍摄后没多久，就把音响转得很大声，仔细一听发现，竟然是"夜上海"那年代的歌！老老的音乐从那"有历史"的音响里放出来，搭配这么"乡土气息"的广告当背景，整个很有怀旧的气息。

有南洋味的"欧洲"

来到新加坡，你一定不能错过当地殖民地风格的建筑。这次透过特别申请进到国家博物馆（National Museum）拍摄。纯白典雅的欧式空间，透过天窗洒下来的自然光，一整天工作的疲倦，瞬间被文艺气息充实，疲倦好像一下子都忘光了。

而如果你喜欢欧洲老车站的气氛，我会推荐你去新加坡的丹戎巴葛火车站（Tanjong Pagar Train Station）走走。它是1932年建造的，灵感来自芬兰赫尔辛基的火车站，现在是往返新加坡和马来西亚两国的火车起点站。大厅的挑高式设计，走进去感觉很宽阔、很气派，墙上还有彩绘浮雕画作装饰和几把摇来摇去的电风扇。月台上的座椅像几十年来都没换过，上头懒懒地躺了一只"站猫"在睡午觉，我很喜欢像它这种享受下午阳光洒进来的悠闲。我们不敢惊动它，先和它偷偷拍了几张合照，等我伸手想摸它，它就很快闪人了，可能是不想跟我们混太熟吧，哈哈！

在火车站拍摄那天正好是星期天早上。月台旁边有个餐厅，几桌新加坡或马来西亚家庭，全家大小在吃早餐。一直有炒饭、海南鸡饭、咖椰面包等很南洋的味道往我这边飘过来，真的很难专心啊！虽然他们早餐吃的食物和我们所习惯的早餐差很多，但那种全家难得聚在一起、悠闲吃一顿早餐的气氛却是一样的温暖！就像我从小的记忆，爸妈总是会在假日带我们全家一起外出吃个饭，因为爸妈觉得这样可以增进家人之间的感情。

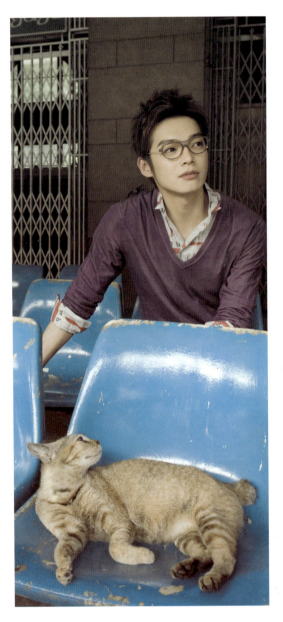

设计旅店及美食让我惊艳！

新加坡这几年很流行"精品/设计旅店"（Boutique/Design Hotel），这本书里很多照片，都是在New Majestic Hotel（大华酒店）拍摄的。hotel中的每个房间都有不同的主题，除了不同风格的手工感房间外，由于老板本身是个超级"椅迷"，在每个房间和饭店大厅都放置了大师级的精品椅，拍起来感觉特别不一样。我们不只在房间里拍、在游泳池拍，连厕所都不放过⋯⋯

新加坡美食更让我赞不绝口！之前几次来，吃的都是传统小吃，像是肉骨茶、海南鸡饭之类的，但是这次，有机会品尝到很棒的西式食物，像我喜欢吃的牛排、肋排，在新加坡都有高水平的餐厅供应，让我大快朵颐！我对西方食物一点都不排斥，反而很喜欢，所以对于之前曾在国外生活过的我来说，并不会特别感到饮食上的不便（哈）！

也要特别在这里再一次谢谢新加坡的fans！一连好几天的工作，你们都形影不离，在不影响拍摄进度的情况下，默默帮我加油打气。希望你们喜欢我们所呈现的新加坡，也期待很快有机会再到当地跟大家见面！

跟父亲学习用餐礼仪

虽然吃西餐时总是刀叉杯盘整桌摆得满满，看起来阵仗很大，但是相信我，基本的西餐礼仪一点也不难。小时候我爸妈会固定在周末带我们上餐厅吃饭，当作是"促进家人情感"的重要机会，而严肃的爸爸就是在餐桌上，一次又一次地教会了我吃西餐的正确方法和礼仪。为了要吃到满桌丰盛的美食，我当然是卯起劲来努力学习。只能说，我爸真的很懂小孩的心理！

到达餐厅时，记得先在玄关处等着服务人员为你带位，就算看到餐厅有空位，也不能自己走去坐。来到餐桌前，正前方是摆放菜肴的盘子，左边的小盘子是面包盘，右上角有会三个杯子，从左到右分别是红酒杯、白酒杯和水杯。左右两边放有几副刀叉，只要记住：从最外面的一副开始使用，依序用到最里面的一副，就不会错啰！

餐巾布展开后，轻轻铺在自己的大腿上，不要围在脖子上——只有小朋友才有特权这样做喔！在用餐巾布擦嘴的时候，因为要保持优雅，只要取一角的内缘轻轻擦拭即可，能尽量不被其他人看见更好。暂时离座去洗手间时，不要把餐巾披在椅背上，而是应该轻轻摆在椅面，让侍者和其他客人知道你很快会回座——I will be back soon！

用餐的顺序及方式

如果是法国餐的话，要先喝开胃酒，目的是增加食欲。上菜顺序是：第一道浓汤；第二道冷盘；第三道是主菜，主菜通常会搭配有蔬菜的肉类或海鲜；而第四道是甜点和冷饮；第五道就是水果加咖啡或茶，可用来解腻提神；最后是一杯烈酒或香槟酒作为饭后酒，用来帮助消化。

一般人点牛排会说"八分熟",但在国外其实牛排的熟度是以单数（1、3、5、7）来称呼,rare 是一分熟、medium rare 是三分熟、medium 是五分熟或称半熟、medium well 是七分熟、well done 则是全熟。点菜时把这几个单词秀出来,服务员就知道你是个行家啦!

喝汤的时候,记得汤匙由内向外舀,喝到最后几口的时候,用左手把汤碗朝内的这一侧微微抬起,呈45°角往外倾斜后,再用汤匙舀来喝。切记不要发出"簌~簌~"的声音喔,会给人留下没教养的印象。

右手拿刀、左手持叉,将食物切成小块状,依序放入口中咀嚼。一般我们吃西餐习惯双手并进、刀叉同时作业的取餐方式,这是欧式的吃法;如果是切好食物后,把叉子换到右手再叉起食物吃,就是美式的吃法了。美国人多半给人不拘小节的感觉,在对待食物的方法上也透露出些许端倪。我的观察是,他们真的很喜欢拿着叉子到处叉东西吃,既方便又随性!

如果食物里有骨头或刺（如鸡、鸭、鱼），不可直接吐在盘子或桌上，而应该先轻轻吐在叉子或汤匙上，再悄悄摆在一旁。吃意大利面的时候，我们习惯用大口吸起来吃，但在西餐厅的时候请先用叉子卷成小团状后，再送进嘴里吃。

接下来是题外话。日本人喝汤和吃面都会发出很大的声音，在他们的文化里，也不会被认为是不礼貌的行为。据我的日本朋友说，发出声音并不是为了要表达"好喝"，而是要藉由嘴唇吸进的大量空气，来让滚烫的汤和面变得凉一点。很有趣吧！

点酒、选酒的礼节

一般吃西餐会搭配红、白酒，如果要点酒的话，又有分餐前酒、主菜酒、甜点酒及餐后酒。餐前酒可以选用香槟或气泡酒，而主菜酒的话就得看菜肴有不同的选择了。

白酒配白肉、红酒配红肉

通常红肉料理（如牛肉、羊肉）、酱汁口味较浓郁的料理，会搭配红酒；清淡的食物与白肉类料理（如鸡肉、海鲜、猪肉），则会搭配白酒，较爽口，也有去腥的效果。红酒中的单宁，可使纤维柔化，让肉质口感更加细嫩；而白酒中的酸，可增加口感的清爽活性，就海鲜而言，并具去腥作用，这些都是葡萄酒用来衬托食物之功用！用完主菜后，会跟着甜点一起上甜点酒，口感通常较甜，搭配甜点正好。等整顿饭结束后，还会用威士忌之类的烈酒作为餐后酒，为此餐做个令人印象深刻的总结。如果不想费心思在点酒上，那么我建议可以点香槟，因为香槟俗称"百搭酒"，任何餐点或肉类都很适合。

如果对选酒的学问不太懂，也可请侍者建议最合适的搭配。他们通常会在介绍、开瓶之后，倒一些在杯子里，请你闻闻、品尝看看。一般的情

况下，客人会欣然接受侍者的推荐，除非尝出酒变味，或者里面有些不明的杂质。如果是这样，记得务必请侍者更换。

如果用餐到一半想让双手休息一下，聊聊天，或者起身去洗手间，记得把刀叉摆成八字形（叉子和刀面朝下），在盘里放好，这样侍者就知道你只是暂时休息一下，等会仍要继续享用。如果已经吃完，就将刀叉并排呈45°斜角、摆在盘子的右上角，叉左刀右，刀锋向内、叉齿朝下。如此一来，侍者就会接收到你的暗号，为你收走盘子了。

很简单吧？这些礼仪也许有些你知道、也许有些不知道，下次到西餐厅或品尝西方料理时，不妨试试看，让自己不管是外在或内在，都沉浸在异国文化中，感受一下如同中古世纪贵族的用餐气氛吧！

卡尔文的
英文教室

Lesson 1

Hotel

美加旅行最不缺的就是旅馆（**Hotel is everywhere!**）

在美国或加拿大旅行，完全不用担心找不到旅馆睡。因为这两个国家太大了，开几个小时的长途车根本是家常便饭，特别是年轻人，很习惯一群人开一部车去做长途旅行。当然，专门提供给旅人入住的连锁旅馆，在美加境内随处都有，只要沿着公路开，几乎每隔几公里就会有一间旅馆！

最有名的就是Holiday Inn、Traveler's Inn、Comfort Inn……这些"Inn"系列的三星旅馆了。这些旅馆不用预约，也不必担心客满，随时进去check-in都有房间。双人房的房价大概在美金100元上下，房间干净、有基本的盥洗用品，有的还会附设健身房、游泳池。免费的早餐buffet是一定要的啦，面包、麦片、牛奶、咖啡……应有尽有。如果你是学生或者背包客，住在这些旅馆，早餐吃得饱饱的再上路，就能替荷包省不少钱！

我们在美国自助旅行时，就是靠这些Inn的方便和干净，度过了难忘而美好的假期。在洛杉矶的时候，就在好莱坞大道旁，交通非常便利的地方，看到好几间旧旧的、小小的旅馆。本来已经要下车问房价了，仔细一看才注意到这些旅馆的招牌怎么都是粉红、粉蓝，一闪一闪的荧光色，还有几名浓妆艳抹的女士，和说不出哪里古怪的男性，在门口徘徊，大概猜想得到是做什么的。虽然这里的房价应该不会太贵且交通便利，但因为安全考虑，我们最后还是另谋住处——"出门在外，小心为上"才是正道。

那次旅行唯一一次住得比较"高档"，是在黄石公园。因为游客太多，普通房都满了，没有事先订房的我们，只好忍痛花了贵两倍的价钱，去住小木屋式的饭店。六个人住一间，房间是挑高式的设计，还有一个小客厅，感觉很温馨！说真的，我还蛮庆幸有机会住在小木屋里，因为人住在国家公园里，周边就是大自然。住水泥盖的饭店怎么比得上住小木屋有feel？

如果你对一座城市的历史有兴趣，也喜欢住在"阿公级"的老建筑物，感受一下浓浓的古旧气息，更准备了充足的旅费（这个最重要啦），不妨上网搜

寻一下。很多欧美国家的大城市，都有至少一间饭店，是用旧建筑改装的，它的设备不见得比一般饭店来得新颖，房间也并不豪华或特别宽敞，但住在里面，就好像和这座城市超过百年的历史同枕共眠，特别适合喜欢"考古"的旅人！

位于温哥华的Vancouver Hotel，就是这样一座拥有浓厚历史感的老饭店，住一个晚上大概要花人民币七八千，我自己虽然没有住过，但可以想象住在里面感觉会有多特别！另一座位于维多利亚市的Fairmont Empress酒店，因为历史悠久，外墙被长年攀爬的树藤紧紧缠绕到几乎看不见，大厅的英式下午茶（High Tea）是观光客必访重点，就跟电影里看到的一样，很别致的三层点心盘装着三明治、蛋糕和各式西点，约人民币三四百元的消费，就可以体验和旧时上流贵族一样的闲情逸致。我带妈妈去吃过，房间虽然住不起，但吃顿下午茶感觉一样浪漫！

网络订房方便又省钱

住饭店之前，我一定会先上网比价。虽然你可以在网络上找到很多号称特价的订房网站，但是相信我，绝对不比直接上该饭店网站订房来得便宜！原因很简单，既然

是代订服务，一定多少要抽点佣金，如果你能直接找到"源头"，可以议价的空间当然就更大啰！这可是我多次亲自实验后换得的省钱秘诀！

用网络事先订房，好处除了比打电话或传真更方便，在某些较具规模的饭店，还会特别为用网络预订的房客设置check-in专柜。换句话说，你不会再因为和旅行团的check-in时间不小心撞在一起，而排队排得七荤八素。只要直接走向专用柜台，掏出你预先打印下来的单子，不到两分钟，就可以拿着房卡或钥匙，轻轻松松进房休息了！

还有一些饭店更猛，已经采用check-out无人服务，也就是在退房的时候，你只要填好一张单子，连同房卡放进信封里，丢进一楼电梯旁的箱子（但必须是以信用卡付款），就完成了check-out的手续，连一句英文都不用讲，很方便吧！

我算是不太会认床的人，不管到哪旅行，一上床、头碰到枕头，很快就可以入睡，所以对旅馆的要求，只要有最基本的卫生、干净就可，反正年轻嘛，出门在外，玩得开心最重要。现在当了艺人，多了很多机会住进世界各国的旅馆，唯一的改变，可能是会希望有更多自己的隐私，也会比较注意服务的质量吧！如果是一间真正注重待客之道的饭店，不只讲究硬设备的奢华或美观，而是真的会给人很贴心、受到礼遇的感动。曾住过的几间国际连锁的五星级饭店，都让我留下深刻而美好的印象。

我现在最想住的是澳门的威尼斯人酒店（The Venetian），我听说过拉斯维加斯的威尼斯人酒店，想象饭店里面有一整座水都，可以坐船、唱歌，还可以在河边散步、shopping，就让人很神往，可以在那住宿，也算是一种"圆梦"吧！等我去住过之后，回来再跟大家报告感想。如果可以放长一点的假，我也想找家人朋友到巴厘岛住度假别墅。身边每个去过的朋友都对那里赞不绝口，可以整天躺在沙滩上、泳池旁，懒洋洋地什么也不做，只享受南洋温暖的太阳，对现在的我来说，已是莫大的幸福了吧！

下面这些例句，多半是在饭店柜台，或透过电话和服务人员交谈时可以派上用场的。把它们记下来，对你的旅程肯定很有帮助喔！

Hotel 中常用英文之例句：

Is there any room available for tonight?
今晚有空房吗？

What is the rate of an executive room per night?
商务套房一晚的价钱是多少？

I would like to make a reservation of a single room for two consecutive nights.
我想预约一间单人房，共两晚。

Do I need a credit card for making reservation?
请问我预约订房时需要信用卡吗？

Can I have a non-smoking room, please?
请问我可以要一间禁烟房吗？

What is the earliest check-in time?
最早的入住时间是几点？

What is the latest check-out time?
最晚的退房时间是几点？

Can you connect me to the concierge, please?
请问你可以帮我转到服务台吗？

Can you connect me to the room service, please?

请问你可以帮我转到客房点餐部吗？

Could you please send someone to clean my room?

可以请你派人来清理我的房间吗？

These clothes need to be sent to the laundry.

这些衣服需要送洗。

I would like to have a wake-up call at seven in the morning tomorrow.

我明天早上七点需要被叫醒。

I would like to extend my stay for another two nights.

我想要多住两晚。

Could you show me the way to the hotel restaurants?

你可以告诉我如何去饭店餐厅吗？

Can you show me the way to the hotel lounge?

你可以告诉我如何去饭店休息室吗？

Could you send the bellboy to get my luggage, please?

可以请你派服务生来拿我的行李吗？

I'll like to check-out now, what is the total amount for my stay here?

Could you charge it to my credit card, please?

我想要退房，总共是多少钱？可以请你从我信用卡扣款吗？

各类料理聚集好地方——温哥华

在国外念书的那段时间，可以说是我此生最胖的时候！脸比现在圆很多，体重有七十二公斤，原因很简单——太爱吃了！

在温哥华，亚洲各国的移民和留学生很多，所以日本、韩国、中国餐厅不但应有尽有，而且口味道地，价格也很合理。我最爱的是一家拉面店"金太郎"，它用大量的猪大骨，二十四小时不熄火熬出乳白色又香又浓的汤头，虽然每次去都要等三十分钟以上，但只要一喝到那口汤，就什么都值得了！

上次和炎亚纶到温哥华担任选秀活动嘉宾，我还特地带他们去吃，虽然大家都说好吃，但把整碗吃完的只有我一个人！仔细想想，金太郎拉面的份量还真的是台北或日本的几乎两倍大，毕竟是开在老外的国家，份量也必须特别的大，

以迎合当地人。原来在不知不觉中，我在加拿大的食量也是这样变大的。

如果是想要庆祝什么的时候，我和朋友会去一家名叫Raku（乐）的居酒屋。它是正宗日本人经营的，生意很好，串烧、生鱼片、炒乌冬面……应有尽有。外国人通常会坐吧台，为的是可以欣赏寿司师傅高超的手艺，吃饭兼看秀。而为了显示日本人的"朝气"，这里点菜是不填单子的，侍者会直接朝厨房的方向大喊："炒乌冬面一份！"而厨房也会立刻很有元气地回答："嗨——"吃饭的时候听着吼叫声此起彼落，也算是一种"振奋人心"的经验！

另外，几乎所有韩国同学一听就会口水直流的"外母屋"，是温哥华最有名的韩国料理店。它的墙上贴满了韩国明星造访时留下的照片，可见人气有多旺！我最喜欢它的一道料理，是一种"堆"满猪骨的火锅，汤头浓郁喷香，猪骨可直接用手抓起来啃，非常过瘾！如果想吃中国菜，我会去新翠湖餐厅，因为我很爱吃螃蟹，而它的螃蟹个头大（一只超过二十厘米！）、食材新鲜，不管是辣椒蟹或奶油焗蟹，都做得很出色，光是用酱淋在白饭上，就可以连吃好几碗！

吃到饱？还是吃到死？

不过，当学生时最兴奋的"娱乐"，就是进攻"吃到饱"啦！因为可以不顾一切狂吃，算一算又比上一般餐厅便宜不少（有的餐厅过了晚上九点，原本人民币一百五的自助餐，只要一百元左右，简直就是学生的天堂），当然就成为我和同学庆功、聚会的首选！加拿大的鲑鱼肥美鲜嫩、远近驰名，连同金枪鱼（Tuna）生鱼片，我几乎每次都只靠这两味，就占去肠胃的大部分空间。我们经常在吃到饱餐厅比赛看谁吃得多，到后来吃不下了，就更改游戏规则成"猜拳输的吃"，还真的有人当场吃到吐！这种"饱到极限"的疯狂体验，要试，真的只能趁年轻！

小费的算法有诀窍

在国外用餐，付小费是最基本的礼仪，除非这家店的服务真的差到让你一肚子火，否则请务必记得留下10%~15%的小费！我朋友有次不小心忘了付小费，服务员还追出来问"是不是我们的服务让您不满意"哩！

其实，餐厅服务生的时薪很低，跟法定的最低工资不相上下，小费是他们很重要的收入来源。每天全餐厅的小费还要加总，再平均分给每个人，赚的薪水真的很微薄。不过，付小费也是有诀窍的，一般人习惯把消费的总金额乘以10%~15%，得出小费该付多少，其实这是不够"内行"的算法喔！如果消费总额是100美金，其实其中有5美金是必须付给政府的税金，实际付给餐厅的金额是95美金。所以呢，你只需要付95美金的10%~15%当作小费即可，这可是我经济系的教授在课堂上教的喔，同学们都学起来了吗？

不像我们大街小巷到处都有吃的，外国人上餐厅习惯先订位。不管你去的餐厅热门不热门，都最好先打个电话去预约，以免到时候客满，反而扫兴。一般来说，餐厅的座位会替客人保留10~15分钟，外国人是很有时间观念的，时间一到，位子就会挪给别人。要是临时不能前往或者迟到，一定要记得告知餐厅，不然会被列入不受欢迎名单，以后不管怎么订都订不到喔！

以下这些句子在去餐厅用餐或订位时可以使用，大家可以学起来。

餐厅中常用之英文例句：

I have a reservation for two persons under Calvin at seven in the evening.

我用Calvin的名字预约晚上七点两人的位子。

I would like to have a table for two by the window.

我想要靠窗的两人位。

We are ready to order now.

我们现在可以点餐了。

I would like to have a full course meal, thank you.

我想要一个全餐，谢谢。

What's soup of the day?

今天的例汤是什么？

I would like my steak to be medium, please.

我想要五分熟的牛排，谢谢。

Could you give me a bottle of wine?

可以给我一瓶红酒吗？

I would like to have ice-cream for the dessert.

甜点部分我想要冰淇淋。

May I know where the restroom is?

请问洗手间在哪？

What's your business hour?

你们的营业时间是几点？

Can I have your business card?

我可以要你的名片吗？

Can we have the check/bill, please?

请给我们账单，谢谢。

It's my treat. / The bill is on me.

我请客！

Let's go Dutch.

我们各付各的！

Keep the change.

零钱不用找了(当小费)。

Lesson 3

Shopping Mall

这里的购物中心超乎想象的大

在国外，shopping mall最大的特色就是——大！

去过一次你就知道它们真的是大到超乎想象的境界，里面除了有百货公司、超级市场、商店街和美食街，还会有电影院、电动游乐场、带云霄飞车的游乐园，甚至还有邮局、诊所和卖乐透彩的店！周末逛shopping mall，是外国人非常重要的娱乐，开车把全家人都带去，逛一整天还玩不完！

在加拿大的时候，一定会选择住在shopping mall隔壁，几乎每个周末都会开车去逛一下shopping mall，因为实在太方便了，吃的穿的用的一次都买齐。有一段时间我会和同学比赛逛不同的shopping mall，并且就产品比价，看哪家mall卖的东西最便宜呢！

我最常逛的是英属哥伦比亚省（British Columbia）最大的Metrotown，从我家开车到那只要十分钟。里头有十几间大卖场，除了卖东西，甚至还有类似监理所的机关，在那还提供换驾照、缴罚单等服务。这些mall卖的衣服，有很多国际精品的牌子和一般休闲品牌，价格都很合理，也是我平日逛街的好所在。

在Mall里如同置身台湾

因为在温哥华华人多，有些mall是华人开的，例如丽晶广场（Crystal Mall），百家店（Parker Place）、Aberdeen Center，还有明明来自日本，卖的也是中国货的八佰伴（Yaohan）。华人的shopping mall通常占地面积较小，相对的商品陈列得也较密集，有一种华人特有的"麻雀虽小，五脏俱全"的味道。华人食衣住行等必需的生活用品，里面全都找得到，甚至还有烧腊店、漫画店、电动游戏场、拍大头贴的机器等等，走在里面，你丝毫不会感觉到自己置身外国，反而有"回家了"的错觉。有的mall还取名为置地广场、太古广场，当地的华人就会称这些地方为"小香港"或"小台北"呢！

我喜欢去华人mall的美食街吃个排骨饭、鸡腿饭，慰劳一下需要"家乡味"的肠胃，然后再去超市，买些冷冻馒头、包子、水饺、面包之类的食品回家"囤积"。我最常吃的早餐，就是用大同电饭锅蒸包子或馒头，配一杯豆浆就很满足了。

每年圣诞节前后，shopping mall可说是最有过节气氛的地方，到处都挤满买礼物的人。mall里外也会装饰得五彩缤纷，还会有圣诞老人陪你照相、搭火车。最开心也最疯狂的日子，莫过于12月26日的Boxing Day了，到了这天，各家shopping mall都会使出浑身解数大打折，举目望去都是两折、三折的超低价，一大早就有人在排队，而且每个人几乎都杀红了眼在买，也算是一种难得一见的奇景吧！

Shopping Mall中常用之英文例句：

I don't have anything particular in mind, I'm just looking around.

我没有特别想买什么东西，我只是到处逛逛。

Can you please assist me?

可以请你帮我个忙吗？

Does this shirt come in other colors?

这件衬衫有别的颜色吗？

What material is this pair of shoes made of?

这双鞋的材质是什么？

Do you have this pair of sneakers in size ten?

这双运动鞋有10号吗？

May I know where the fitting room is? I'll like to try these clothes on.

请问更衣间在哪？我想要试穿这些衣服。

This isn't exactly my favourite piece, I'll look around more.

这其实不是我想要的，我想要再看看。

Could you give me a better deal?

可以算我便宜点吗？

Are these sales items?

这些是特价品吗？

May I know where the till is?

请问收银台在哪？

Can I pay with credit or debit card?

可以用信用卡或银行卡（转帐卡）付款吗？

Can I have this shirt wrapped in a gift box, please?

可以麻烦帮我包一下这件衬衫吗？

Can I have the receipt in the bag, please?

可以帮我把收据放在袋子里吗？

I'll like to do a refund for this sweater because this size doesn't fit well.

我想要退这件毛衣，因为尺寸不合适。

Lesson
4

Taxi

中国绝对是世界上搭出租车最方便的地方之一！在美国或者加拿大，除非是像纽约这种国际大都会，否则在其他地方，在路边伸手招了一整天，也可能招不到一辆车！

在国外住的时候除了有时开车外，我几乎都搭公交车，因为搭出租车实在太贵啦！同样的路程，在中国花五十元人民币，在美国可能就要花五百元！所以下面的这些句子，你最好可以练熟一点，万一有天必须搭taxi，就可以派上用场——毕竟每分每秒都是金啊！

搭乘Taxi常用之英文例句：

How long does it take to arrive at the airport?
到机场需要多长时间？

How long does it take to arrive at the hotel?
到旅馆需要多长时间？

Can you drive me to the nearest shopping mall?

可以载我到最近的购物中心吗?

Please turn right at the next traffic light.

请在下一个红绿灯右转!

Please stop at the next intersection.

请在下一个街口停车!

Do you have change for a hundred dollar bill?

请问你可以找开一百块钱吗?

I need a taxi to the town at eight in the evening.

今晚八点我需要一辆出租车载我到市区。

How long will it take to arrive at the destination?

多久会到目的地?

I would like to take a look at the buildings and monuments in this town, can you drive me around please?

我想要看看市区的建筑和纪念馆,可以请你载我逛逛吗?

Can you recommend any interesting place to visit?

你可以推荐些有趣的地方去参观吗?

Can you drive me to the night market?

可以载我去夜市吗?

Lesson 5

Car Rental

租绝对比买划算

租车可说是在美加长途旅行时最划算、也最方便的方式。因为不需要负担保养的费用，还可以A地租、B地还，如果保的是全险，也不必太担心擦撞之类的小意外。毕竟长途旅行时常会遇到不熟的路况，如果开车技术不够好，撞到别人的车或者栏杆、路树，光是一个小小的擦伤就可能要花掉上万元，算起来还是先买全险划算。有些学生到美国或加拿大短期留学或游学，觉得买一辆车太伤荷包，其实租辆车就可以四处走了！

我在加拿大常租车，比如搬家租一部卡车，光是搬家，我在加拿大六年多就搬了六次左右，所以租卡车搬家对我来说是家常便饭。不然就是帮同学搬家，大家都是这样帮来帮去。我觉得这样互相帮忙，会让彼此有共患难的精神，可以让大家感情变更好，搬完后再请帮忙的朋友吃顿饭，大家都是这么做的。旅行时也会租车，比如那趟和朋友去美国的"壮游"啰！既然是租车，当然要租特别一点、帅一点、平常不容易开到的车啰！如果人数较少，我会选择小跑车或轿跑车之类的车；如果人多一点，又是要开长途去旅行，七人座的Van（类似休旅车之类的）是第一选择。这类车现在在中国也蛮流行的，就是后面双门都是用滑开式，非常方便；不然吉普车之类的车型也不赖，既耐用、座位高又看得清楚，开起来更帅气非凡！

车牌展现创意

如果有机会到美加一游，别忘了注意一下他们的车牌。西方人真的很有创意、又有幽默感，每个州都会把自家的特产（包括动物植物等），用可爱或逗趣的图样或文字，表现在车牌上。像美国的亚利桑那州，因为境内有沙漠，车牌上就画了一株仙人掌；西北地区（North West Territories）则因为位于北极地带，画的就是一只北极熊。从哪个省开来的车一望即知，让原本只有数字和英文字母的车牌，变得缤纷又活泼，我觉得超有趣，还忍不住在一个专卖旧车牌的观光区——蒸气镇（Gas Town），连续买了十几张车牌回来收藏！

在中国，车主可以选车牌号码，但是在美加，竟然可以放上自己想要的文字，订做一张专属自己的车牌，比如"I AM CALVIN"、"I LOVE XXX"等等。我有个朋友就精心申请了一张车牌，上面的英文字是PACHILA，PA-CHI-LA是哪句话的谐音？自己想吧！真服了他！

如果想要在国外租车，除了一定要有国际驾照外，记得要提早预约，并且上租车公司的网站查查看有没有折价券，偶尔会有意想不到的好运喔！

租车时常用之英文例句：

What is the age requirement for car renting?

租车的年龄限制是多少？

Here is my international driving license.

这是我的国际驾照。

What's the rate per day?

一天的车子租金是多少？

I would like to rent a car for five days.

我想要租一辆车用五天。

I would like to have full coverage insurance just in case.

我想要保全险以防万一。

Do late-return fees apply?

晚还车会有超时费用吗？

Is a credit card needed to hold my reservation?

预约租车时需要用到信用卡吗？

Can I use another person's credit card with their permission?

我能用他人授权允许的信用卡吗？

Will my credit be charged when I make the reservation?

预约租车时，我的信用卡会被收费吗？

Am I required to take the insurance?

我一定要购买保险吗？

Airport

在机场用到英文的机会虽然多，但因为是一关一关地依序通过，航空公司也能适时提供协助，所以实际遇到困难的状况并不多。唯一要注意可能就是海关了，他们通常会问你"来这里干什么"、"带了多少钱入境"之类的问题，最好行前就能练熟。在温哥华海关辟有一条专给英语不通的华人走的通道，只是通常会比走一般通道花上好几倍的时间……

在机场时常用之英文例句：

May I know where the check- in counter of XXX Air is?

请问XXX航空的值机柜台在哪里？

What is the latest time to check- in?

最晚办理登机手续时间是几点？

What is the baggage allowance for this airline?

这家航空公司允许带多重的行李？

This luggage is hand carried.

我要手提这件行李。

Can I have the "Fragile" tag on this smaller luggage? Thank you.

我可以贴易碎标签在这个较小的行李上吗？谢谢。

Can I have my seat by the aisle?

我可以选靠过道的位子吗？

I would like to request for a vegetarian meal.

我想要点一个素食餐。

May I know where the arrival hall is?

请问入境大厅在哪？

May I know where the departure hall is?

请问出境大厅在哪？

May I know where the airport lounge is?

请问机场休息室在哪？

Can you show me the direction to the "lost and found" counter?

可以请你告诉我如何去失物招领柜台吗？

I want to get a few souvenirs from the duty free shops.

我想要在免税商品店买一些纪念品。

My boarding gate number is eleven. Could you tell me the way to the boarding gate?

我的登机口是11号，可以告诉我如何去吗？

This is my boarding pass.

这是我的登机牌。

FINALE
终章

该大胆追梦还是符合父亲的期待！

每个人年轻时多多少少都做过星梦，希望有朝一日可以站在台上表演、发光发热。喜欢唱歌的我也做过这样的梦，但随着一路出国念书、攻读学位，想表演的心就渐渐淡了。

修完研究所的课程，我在温哥华开始动笔写论文，同时也开始找工作，想留在那里做金融产业类的工作。就在这时候，《流星花园》制作人，也是打开我星途的恩人——胖哥，与温哥华当地电台合办了"Sunshine Boyz 2004"的选拔活动，在我心里沉寂多时的星梦，悄悄苏醒了过来。

我报名了！其实当初真的是受到朋友不断地怂恿，他们觉得我蛮有潜力的。于是在报名截止日的最后一天，我就去报名了！当时还是生平第一次在那么多人面前又唱又跳，下台时发现自己全身发烫，连手指都在抖。真的很怕啊，但我做到了，还获得评审青睐，拿到冠军。比赛结束后和制作人深谈，他对"华流"所抱的热情和理想，深深打动了我。为什么有"哈日族"、有"韩流"，独独就是没有"华流"呢？我们也有表现很杰出、各方面条件都很优秀的艺人啊！

然而，在台湾演艺圈发展和在温哥华当个上班族，是两条截然不同的路，也很可能会导向两种完全不一样的人生。眼前出现岔路，我应该向左走还是向右走？当时的我很迷惘，两个我开始拉扯。

如果我选择到演艺圈发展，一定会和向来保守、传统的爸爸起很大的冲突。在他眼中，艺人是个很不稳定的工作，不红的时候有一餐没一餐；就算红了，能走多久也没人敢打包票。况且我好不容易念到硕士了，成绩也很不错，为什么要放弃收入稳定、一片光明的未来，去投入一个充满不确定性的行业，从头开始呢？

确实，对未来的不确定感很令我不安。但如果让这次机会溜走，还会出现下一次可以实现梦想的机会吗？

那天在表演完之后，台下观众的掌声带给我的感动和鼓舞，仍在我心中无法平息。

如果不成功，就回来当个上班族，乖乖开始朝九晚五的工作吧！但如果没有趁年轻去闯闯看，以后回想起来，一定会觉得遗憾。

想了很久，我做了一个决定——回台湾。

自己经济独立

不敢让爸妈知道，也不敢回家，我在初中同学家偷偷住了两个月，等待拍戏的机会。我和妈妈联系上，告诉她我的想法。妈妈虽然觉得惊讶，但还算可以理解、认同我。又隔了一阵子，她觉得我这样躲下去也不是办法，还是决定告诉我爸，同时劝我回家住，和他沟通看看。

我爸的反应完全在意料之中，他大发雷霆，要我马上飞回温哥华。我当然没有接受，但原本说好要开拍的戏，也延迟了几个月。这段等待的时间里，家里不给我一毛钱，可能想说等我日子过不下去，就会乖乖回加拿大了吧！我心里想：好啊，你不给我钱，我会自己去赚。就去找到一份补习班英文老师的工作，让自己经济独立，一面打工一面等戏开拍。

后来的发展，因为fans及朋友的支持，真的可以用一帆风顺来形容。我时时感激幸运之神对我的特别照顾，更不敢有片刻忘记fans的爱护与期待。

我不是空瓶子

我曾经在博客写过："我不想我的fans支持的是一个空瓶子。"
我不是影视科班出身，在进入演艺圈之前可以说毫无表演经验，靠着一股热忱和对表演的热爱，从零开始学起。很幸运的，现在的我拥有一群欣赏我的fans，但也因为看得越多、经验累积得越多之后，更知道自己需要努力的地方还有很多很多。

还记得飞轮海第一次上台演唱，是在S.H.E.深圳的演唱会上，观众超过三万人，我们跳完下来，两条腿都软了抖个不停。那时候我们就很清楚知道，在这个舞台上、这个行业里，永远会有新的挑战、有学不完的东西，刚出道的我们简直是瞎子摸象！这是个竞争激烈的年代，在此时要能够被视为偶像，一定要比过去更努力才行。不能只会演戏，或者只会唱歌，一定要双管齐下，两种都要会。

学生时代开始，我都会每年为自己设定一个目标，例如申请到公立大学就读、考进研究所。我不喜欢把目标订得太远，通常都只订未来一年的目标，然后尽全力去冲刺，都能得到梦想的果实。

我常常提醒自己，即使再忙、再累，遇上不可预料的挫折、打击或者低潮，当我用"辰亦儒"的身份去面对时，即使是不需要面对面的网志，也要用正面、积极的态度，带给其他人力量。我希望大家能够看见我的坚持、我的进步，然后和我一起努力，一直持续下去。

我，辰亦儒，不再沉默！

著作权合同登记号：06-2010年第85号

© 辰亦儒 2010

图书在版编目(CIP)数据

王子的流浪/辰亦儒著. —沈阳：万卷出版公司，2010.3
(原点·飞轮海)
ISBN 978-7-5470-0774-7

I.王… II.辰… III.辰亦儒—生平事迹 IV.K825.76

中国版本图书馆CIP数据核字(2010)第036413号

本著作之中文简体字版由时周文化事业股份有限公司授权出版发行
Copyright © 2009上海双九文化咨询有限公司
版权所有 翻印必究

出版发行： 北方联合出版传媒(集团)股份有限公司
万卷出版公司
(地址：沈阳市和平区十一纬路29号 邮编：110003)
印 刷 者： 宁波市大港印务有限公司
经 销 者： 新华书店
幅面尺寸： 170mm×230mm
字 数： 120千字
印 张： 6
出版时间： 2010年3月第1版
印刷时间： 2010年3月第1次印刷
责任编辑： 万 平
特约策划： 张陆武
封面设计： 佘笑乐
ISBN 978-7-5470-0774-7
定 价： 29.00元

联系电话： 024-23284090
邮购热线： 024-23284050
传 真： 024-23284448
E-mail： vpc_tougao@163.com
网 址： http://www.chinavpc.com